ネクスト・プレジデント
NEXT PRESIDENT

大川隆法
RYUHO OKAWA

まえがき

　現在、アメリカ合衆国は共和党の大統領候補選びの最中であり、現時点で、ミット・ロムニー氏とニュート・ギングリッチ氏が激戦を展開している。ただ今のところ、ハーバード大卒の秀才、好印象、実業家的手腕で、オバマ氏への対抗馬としては、ロムニー氏がやや優勢に見えるが、毒舌家で骨っぽいギングリッチ氏もアメリカを強国として目覚めさせるためには期待される一人である。

　民主党現職のオバマ大統領も、失業対策、景気対策に力を入れはじめ、軍事的にも強いアメリカをイメージさせて共和党候補と対抗する戦術をとりはじめたので、本書は、ギングリッチ氏の当確を必ずしも予言したものではない。

しかし、同盟国の日本としては、ギングリッチ氏の本音を予め探っておくことが、極めて重要だと思い、出版に至った次第である。著者と、司会、質問者の英語力不足で、必ずしもギングリッチ氏の武器としての言論力を十分には表現できなかった点は、大目に見て頂きたい。

2012年2月1日
幸福の科学グループ創始者兼総裁　大川隆法

ネクスト・プレジデント　目次

1 Calling the Guardian Spirit of Mr. Gingrich   12

2 I am the Only Person Who Can
   Represent a Strong America   24

3 We Want to Suppress China's Expanding
   Policy Militarily and Economically   42

4 Stimulating America's Economy is
   an Urgent Matter   56

5 Obama Doesn't Understand the Spirit of
   Capitalism   64

6 Romney is the Next Warren Buffett   76

7 My First Priority is to Create
   a New World Strategy   86

まえがき　　　　　　　　　　　　1

1　ギングリッチ氏の守護霊を招霊する　　13
2　「強いアメリカ」を象徴しうるのは、
　　私だけだ　　　　　　　　　　　　25
3　「中国の拡張政策」を
　　軍事的・経済的に抑えたい　　　　43
4　「アメリカ経済の活性化」が緊急課題　57

5　オバマは「資本主義の精神」を
　　理解していない　　　　　　　　　65
6　ロムニーは
　　「次のウォーレン・バフェット」だ　77
7　最優先課題は、
　　「新しい世界戦略」をつくること　　87

8 Iran Doesn't Know the Difference between
   Iranian and American Military Power   96
9 Japan Should be Friends with Russia   108
10 "The End" are Very Suitable Words for
   North Korea   114
11 FRB Chairman Bernanke is Different from
   the Top Leader of Japan's Central Bank 118
12 The Preferred Next Government of Japan 124
13 I have a Conservative Belief in
   Christianity   128

※ 14 節は日本語のみ。

8 アメリカとの軍事力の違いが
　　分かっていないイラン　　　　　　97

9 日本はロシアと仲良くすべきだ　　109

10 北朝鮮には、「ジ・エンド」という
　　言葉が最もふさわしい　　　　　　115

11 ＦＲＢのバーナンキ議長は
　　日銀総裁とは違う　　　　　　　　119

12 望ましい「次の日本政府」とは　　125

13 私はキリスト教への
　　保守的な信仰を持っている　　　　129

14 ギングリッチ氏への期待　　　　　138

あとがき　　　　　　　　　　　　　144

本書は、ギングリッチ氏の守護霊の霊言を収録したものである。
　「霊言現象」とは、あの世の霊存在の言葉を語り下ろす現象のことをいう。これは高度な悟りを開いた者に特有のものであり、「霊媒現象」（トランス状態になって意識を失い、霊が一方的にしゃべる現象）とは異なる。
　また、人間の魂は６人のグループからなり、あの世に残っている「魂の兄弟」の１人が守護霊を務めている。つまり、守護霊は、実は自分自身の魂の一部である。
　したがって、「守護霊の霊言」とは、いわば、本人の潜在意識にアクセスしたものであり、その内容は、その人が潜在意識で考えていること（本心）と考えてよい。
　なお、今回の霊言は英語にて行われた。本書は、それに日本語訳を付けたものである（14節は除く）。

ネクスト・プレジデント

ニュート・ギングリッチへの
スピリチュアル・インタヴュー

2012年1月28日 ニュート・ギングリッチ守護霊の霊示

ニュート・ギングリッチ（1943〜）

アメリカ合衆国の政治家。共和党に所属。1995年から1999年まで、クリントン政権下で下院議長を務める。現在、2012年アメリカ大統領選挙における、共和党候補指名選挙で保守派の支持を集め、次期大統領候補として有力視されている。

〔質問者2名は、それぞれA・Bと表記〕

1 Calling the Guardian Spirit of Mr. Gingrich

Okawa I will call the guardian spirit of Mr. Newt Gingrich. I'll try, so could you interview him?

Please ask questions that would introduce his opinions to Japanese people. Please make it easier for Japanese people to understand what kind of person he is and what he is thinking about.

We interviewed Mr. Obama (his guardian spirit) four years ago when he was still running as a candidate for presidency. That was a scoop, of course. Maybe this interview is good news for Mr. Gingrich. He will be happy about this

1　ギングリッチ氏の守護霊を招霊する

大川隆法　それでは、ニュート・ギングリッチ氏の守護霊を呼んでみますので、彼に質問していただけますか。

　日本人に彼の意見を紹介するような質問をしてください。つまり、彼の人となりや、考えていることなどが、日本人に分かるような質問です。

　4年前、オバマ氏が大統領候補として活動していたときに、彼（守護霊）にインタヴューを行いましたが、当然、それはスクープになりました。おそらく、このインタヴューも、ギングリッチ氏には朗報となるでしょう。これは、彼にとっう

1 Calling the Guardian Spirit of Mr. Gingrich

interview, I guess so.

So, could you send him your welcoming thoughts or appreciation, please?

Now I will try to call him.

(Puts hands in prayer and closes eyes.)

Mr. Speaker, Mr. Speaker Newt Gingrich, Mr. Speaker Newt Gingrich. Could you come over to Japan? Could you come over to Japan?

Mr. Speaker Newt Gingrich, Mr. Speaker Newt Gingrich, his guardian spirit, come over here to Japan.

We would like to ask you important questions. This is a very honorable chance for you because we already think that you shall become the next president of the United States

1 ギングリッチ氏の守護霊を招霊する

れしいものだと思います。

したがって、彼に対して、歓迎の意、あるいは感謝の意を表してください。

では、招霊してみましょう。

（合掌し、瞑目する）

ニュート・ギングリッチ元下院議長、ニュート・ギングリッチ元下院議長。日本にお越しいただけますか。日本にお越しいただけますか。

ニュート・ギングリッチ元下院議長、ニュート・ギングリッチ元下院議長の守護霊よ、日本に来てください。

あなたに重要なことをお伺いしたいと思います。これは非常に名誉ある機会です。なぜなら、私たちは、すでに、あなたがアメリカ合衆国の次期大統領になるだろうと考えているからです。こ

1 Calling the Guardian Spirit of Mr. Gingrich

of America. This is a very honorable interview.

We already interviewed Mr. Obama (his guardian spirit) four years ago so this is a very good chance for you to introduce yourself to Japanese people. Please tell us any crucial points regarding your political opinions.

Mr. Speaker, Mr. Speaker, come over to Japan. Mr. Speaker, come over to Japan.

(About 10 seconds of silence.)

Guardian Spirit of Gingrich* Umm.

MC Hello.

G.S. of Gingrich Hello.

* Guardian Spirit of Gingrich will be noted as G.S. of Gingrich from this point on.

1 ギングリッチ氏の守護霊を招霊する

れは非常に栄誉あるインタヴューです。

　私たちは、オバマ氏（守護霊）に対して4年前にインタヴューを行いました。今回は、あなたが日本人に自己紹介をする非常によいチャンスです。あなたの政治的見解について、重要な点をお教えください。

　元下院議長、元下院議長、日本に来てください。

　元下院議長、日本に来てください。

（約10秒間の沈黙）

ギングリッチ守護霊　うーん。

司会　こんにちは。

ギングリッチ守護霊　こんにちは。

1 Calling the Guardian Spirit of Mr. Gingrich

MC Are you Mr. Newt Gingrich (his guardian spirit)?

G.S. of Gingrich Yeah. Sure. I'm very busy, so ask quickly.

MC Thank you for coming to Taigokan of Happy Science. Do you know Happy Science?

G.S. of Gingrich I don't know. Sorry.

MC Happy Science is a new religion of Japan.

G.S. of Gingrich A new religion. Ok.

1　ギングリッチ氏の守護霊を招霊する

司会　ニュート・ギングリッチ氏（守護霊）でいらっしゃいますか。

ギングリッチ守護霊　ああ、もちろん。私はとても忙しいんだ。早く言ってくれ。

司会　幸福の科学・大悟館にお越しくださいまして、ありがとうございます。幸福の科学のことはご存じですか。

ギングリッチ守護霊　知らないな。すまない。

司会　幸福の科学というのは、日本の新宗教です。

ギングリッチ守護霊　新宗教ね。分かった。

1 Calling the Guardian Spirit of Mr. Gingrich

MC Today, we will ask you about your policies because we think you will become the next leader.

G.S. of Gingrich The next leader? I'm already a leader.

MC Ok. The next president of the United States.

G.S. of Gingrich Yeah, that's true.

MC So we would like to ask you about American politics in the future.

G.S. of Gingrich Of course, the U.S. and

1　ギングリッチ氏の守護霊を招霊する

司会　本日は、あなたの政策に関して質問をさせていただきたいと思います。なぜなら、あなたが次のリーダーでしょうから。

ギングリッチ守護霊　次のリーダー？　私はすでにリーダーだよ。

司会　それはそうですが、アメリカ合衆国の次期大統領ということです。

ギングリッチ守護霊　ああ、そうだ。そうなんだよ。

司会　そこで、今後のアメリカの政治について、お伺いしたいと思います。

ギングリッチ守護霊　当然、アメリカと日本の関係は

1 Calling the Guardian Spirit of Mr. Gingrich

Japan relationship is very important, so I have some obligation regarding the relationship between these two great countries. Japanese people have a lot of concerns about my opinions so you are interviewing me.

What television station are you from?

MC No, no. We are not from a Japanese....

G.S. of Gingrich Happy Science Television?

MC Yes.

G.S. of Gingrich The first interview.

1 ギングリッチ氏の守護霊を招霊する

とても大事だから、私は、二大国間の関係について責任を感じている。日本人は、私の見解に関心を持っているだろうね。だから、君が私にインタヴューをしているわけだ。

　どこのテレビ局だい？

司会　いえいえ、日本のテレビ局では……。

ギングリッチ守護霊　幸福の科学テレビ？

司会　まあ、そうです。

ギングリッチ守護霊　初めてのインタヴューだな。

2 I am the Only Person Who Can Represent a Strong America

MC My first question is: how do you feel now about your situation?

G.S. of Gingrich Situation? Very hard, heavy and hot!

MC Hot?

G.S. of Gingrich Yeah. Competitive. A very competitive situation. I must smash Romney. He's a strong opponent and competitor. He is very strong.

2 「強いアメリカ」を象徴しうるのは、私だけだ

司会　最初の質問ですが、現在のご自身の状況について、どのように感じておられますか。

ギングリッチ守護霊　状況だって？　とても大変だよ。厳しくて、ホットだ。

司会　ホット？

ギングリッチ守護霊　ああ。競争が激しいんだ。非常に激しい戦いだよ。ロムニーを倒さなければならない。彼は強い対抗馬であり、競争相手だ。とても強いんだ。

A —— In South Carolina, you upended the Republican race. Now you are the frontrunner of the primary battle, right?

G.S. of Gingrich Good, good. You're smart.

A —— Actually we have our own political party. Our policy is very similar to the Republican Party.

G.S. of Gingrich You are a religious group, and you say "our policy"?

A —— Actually, we are basically a religious organization but we also have our own political party.

2 「強いアメリカ」を象徴しうるのは、私だけだ

A ──　サウスカロライナ州の予備選では、あなたが逆転して勝利しました。現在は、あなたが大統領選の最有力候補ですよね。

ギングリッチ守護霊　よし、よし、いいぞ。君は賢(かしこ)いな。

A ──　実は、私たちも独自の政党を持っています。私たちの政策は、共和党にとても似ているのです。

ギングリッチ守護霊　君たちは、宗教団体なのに、"政策"だって？

A ──　はい。母体は宗教団体なのですが、独自の政党も持っているのです。

G.S. of Gingrich Political party? Really.

A —— That's why I am wearing a red tie. The color of your party is red, right?

G.S. of Gingrich Very funny. You are a very funny person.

A —— You are now the frontrunner, but Mr. Mitt Romney is a very strong rival for you. What is your strategy to defeat Mr. Mitt Romney? After that, maybe you need to fight against Mr. Barack Obama. So could you tell me your strategy to become the next president?

2 「強いアメリカ」を象徴しうるのは、私だけだ

ギングリッチ守護霊　政党？　そうか。

Ａ──　だから、私は赤いネクタイをしているのです。あなたの政党のイメージカラーは赤ですよね。

ギングリッチ守護霊　とても面白い。君はとても面白い人だ。

Ａ──　あなたは、今や最有力候補ですが、ミット・ロムニー氏は、あなたにとっては強力なライバルです。どんな戦略でミット・ロムニー氏を倒そうとしているのですか。そして、その後は、バラク・オバマ氏と戦わなければならないと思いますが、次期大統領になるための戦略をお聞かせいただけませんか。

G.S. of Gingrich It's a very pivotal point. My strategy is the secret of secrets.

Compared to me, Romney is a little… how would you say it? He has a good appearance and is a little smarter. I have… how would you say it? I have a Japanese Buddha's belly, so it doesn't appear so good.

So I must fight with my strategy, idea or strong opinion. My strong opinion is to build up the great United States of America again through a strong leader. This is my opinion.

Obama, he's a nice guy. He's the first colored person to become the president of the United States. It's nice and this historical

2 「強いアメリカ」を象徴しうるのは、私だけだ

ギングリッチ守護霊 それは極めて重要なポイントだ。私の戦略は秘密中の秘密だよ。

 私に比べて、ロムニーはもう少し……、何というか、かっこいいし、やや頭もいい。私は……、何というか、日本の布袋様のようなお腹だから、外見はあまりよくない。

 だから、私は、戦略とアイデア、強い主張によって戦わなければならない。私が訴えているのは、「強い指導者によって、もう一度、偉大なアメリカ合衆国をつくろう」ということだ。これが私の主張だ。

 オバマはいいやつだ。アメリカ合衆国における、初の黒人大統領だ。それは素晴らしいことだし、将来、アメリカの歴史書に有名な歴史的事実とし

fact may become very famous in the future American history book, but the American presidency must be the heart of American people. "Heart" means the traditional American human consciousness. It's me who represents the American consciousness, the old-style and new-style traditions of America. America is the only superpower of the world. I am the only person who can represent the United States of America as a great country, the superpower. The United States of America is a huge power and the only superpower.

Of course, Romney is fantastic and he's good at earning money. I respect him for this point. But he is only good at earning money

2 「強いアメリカ」を象徴しうるのは、私だけだ

て記されるだろう。

　しかし、アメリカ大統領たるものは、アメリカ人の「心」でなければならない。「心」というのは、伝統的なアメリカ人としての意識だ。それが私だ。私は、アメリカ人としての意識、アメリカの新旧の伝統を象徴(しょうちょう)している人間だ。アメリカは世界で唯一(ゆいいつ)の超大国(ちょうたいこく)であり、私だけが、強大かつ唯一の超大国であるアメリカ合衆国を象徴しうるのだ。

　もちろん、ロムニーはとても素晴らしいし、金を稼(かせ)ぐのもうまい。その点においては、彼を尊敬している。しかし、彼は自分のために金を稼ぐの

for himself and not for American people. He can earn only for himself, by himself.

It's not the tradition of American democracy. "By the people, for the people" is the American tradition. It's not "For the Romney, by the Romney." No, it's not a good expression.

I am not such kind of person. I work only for the United States of America and the happiness of the world. So I am suitable for the presidency of the United States of America. That is the emotional side of my main strategy.

A —— On the other hand, Mr. Barack Obama….

がうまいだけであって、アメリカ人のためではない。彼は、自分のためだけに金を稼ぐことができる男だ。

だが、それはアメリカの民主主義の伝統とは異なる。「人民による、人民のための」というのがアメリカの伝統だ。「ロムニーによる、ロムニーのための」ではない。いや、これはあまりいい表現ではなかったかな。

私はそんな人間ではない。私は、アメリカ合衆国のためだけに、そして、世界の幸福のためだけに働く。だから、私こそがアメリカ合衆国大統領にふさわしい。これが、私の主要戦略のなかの情緒的な部分だ。

A── その一方で、バラク・オバマ氏は……。

2 I am the Only Person Who Can Represent a Strong America

G.S. of Gingrich Yeah, Barack Obama. Black Obama! Ha! (Note: This is G.S.' words.)

A——   He is trying to reduce the military budget and I think now, the U.S. government has a lot of government debt. That's why you may need to balance the finance. As you just said, a strong America or American military power is most important for the peace of the world. So, how will you balance the military budget or military power with the finance of government debt?

G.S. of Gingrich You speak a lot for a

2 「強いアメリカ」を象徴しうるのは、私だけだ

ギングリッチ守護霊　そうだよ。バラク・オバマとはな。ああ、ブラック・オバマ。ハッ！（注。これは守護霊の言葉。）

A——　彼は軍事予算を削減しようとしていますね。合衆国政府は、現在、膨大な財政赤字を抱えていますから、あなたは財政均衡を図る必要があるかもしれません。けれども、あなたの言われるように、強いアメリカ、つまりアメリカの軍事力は、世界の平和にとって最も大切なものです。そこで、軍事予算と政府の債務をどうバランスさせるおつもりですか。

ギングリッチ守護霊　君は、日本人にしてはよくしゃ

Japanese person, but you lack some points regarding American politics.

Mr. Obama… or should I say Black Obama? (Note: Just G.S.' words, not having been said by Mr. Gingrich himself.) Mr. Black Obama is seeking for a big nation or a "large-government strategy," but I am seeking for a small government because the wealth of the United States should be owned by American people, not by the American government.

So a "small-government policy" is the Republican policy. If he wants to cut the budget concerning the military strategy, it's not so bad. But I dare say, the main point should be: "What is the target of our defense policy?" Please focus on the main point only.

2 「強いアメリカ」を象徴しうるのは、私だけだ

べるね。しかし、アメリカの政治に関しては、幾つかの点を見落としているよ。

オバマ氏は……。ブラック・オバマと言ったほうがよいかな。(注。守護霊の言葉。本人が言ったことではない。)ブラック・オバマ氏は、大きな国家を求めている。つまり、「大きな政府」戦略だ。

しかし、私は「小さな政府」を追求している。なぜなら、合衆国の富は、アメリカ政府ではなく、アメリカ国民によって所有されるべきだからだ。

「小さな政府」という方針は、共和党のものだ。彼が、軍事費、軍事戦略に関する予算を削減したいと考えているならば、それは悪いことではない。しかし、あえて言うが、「われわれの防衛政策の目的は何か」ということが主要ポイントであるべきだ。重要な点だけに集中してほしい。

2 I am the Only Person Who Can Represent a Strong America

My main point is just how to control China! This is the main point and the total amount of military budget can be flexible. It's not so different from Mr. Obama, but he's weaker than my strategy. I myself will make stronger America appear again with a smaller budget, so you can expect a lot out of me.

2 「強いアメリカ」を象徴しうるのは、私だけだ

　私の考える主要ポイントは、「いかに中国をコントロールするか」ということだけだ！　これが主要ポイントであり、軍事予算の総額は融通を利かせることが可能なものだ。それは、オバマ氏と何ら変わりはない。しかし、彼の戦略は私の戦略よりも弱い。私自身は、予算を削減しつつも、もっと「強いアメリカ」を再び出現させようと思っている。君は、私に、かなり期待していいよ。

3 We Want to Suppress China's Expanding Policy Militarily and Economically

B—— We are very delighted to hear from you about a strong America.

I'd like to ask more about the strategy against China because China is now growing economically and militarily and China is a big threat to Japanese people and people of other Asian countries. What do you think you will do about China?

G.S. of Gingrich In the formula of electoral competition, I should not speak my true thoughts regarding foreign policy because this

3 「中国の拡張政策」を
　　軍事的・経済的に抑えたい

B──　私たちは、「強いアメリカ」という言葉をあなたから聞けて、非常にうれしく思います。

　対中国戦略について、もう少しお伺いしたいと思います。というのも、中国は、現在、経済的、軍事的に成長中であり、日本国民とアジア諸国の人々にとって大きな脅威となっているからです。あなたは、中国について、どのように考えておられますか。

ギングリッチ守護霊　選挙戦の戦い方としては、外交に関する自分の考えについて本心を語るべきではない。なぜなら、軍事戦略の機密を含んでいるか

content is the secret of our military strategy. It's not so easy to explain in simple words, but now our main concern about China is their expanding policy. They have a great population and they are seeking for energy and more resources, which includes fuels and fossil fuel supplies.

So, we are afraid that in the near future, they will be inclined to intrude other countries, especially Asian countries. So our main concern is where the fighting spot or area or alarming area will be. We must decide that. One point is regarding the Philippines and Vietnam and the other point is Taiwan. Of course, Japan, Okinawa is also another point.

3 「中国の拡張政策」を軍事的・経済的に抑えたい

らだ。簡単な言葉で説明することは容易ではない。

しかし、今、われわれの中国に対する主たる関心は、もちろん、彼らの拡張政策にある。彼らは膨大な人口を有し、化石燃料等のエネルギーや資源をさらに多く確保しようと模索している。

そのため、われわれは、近い将来、彼らが他の国、特にアジア諸国を侵略しようとするに違いないと憂慮している。われわれの主要な関心は、「どこが戦闘地域になるか。どこが警戒地域になるか」という点にある。それを決めなければならない。一つは、フィリピン、ベトナムであり、もう一つは、台湾になるだろう。もちろん日本の沖縄も挙げなければならない。

3 We Want to Suppress China's Expanding Policy Militarily and Economically

So we must add more military forces in this area.

The main point is the grade of the strategy. It's just in my mind but we have a great relationship with China in the field of trading. Now America is also in a great recession and the people who lost their jobs are protesting against the Obama government and against their jobless situation. So the economy, on one hand, is very important and we must have some policy regarding the economy between China and the United States of America to save the people who don't have jobs and enough income.

On the contrary, we must assume that China is the next intruding empire state. It

したがって、われわれは、軍事力をもっとこの地域に追加しなければならない。

　要は、戦略レベルの問題だ。これは私が考えているだけの話だが、われわれは貿易の分野で中国と重要な関係がある。今はアメリカも大きな景気後退のなかにあり、職を失った人々が、自分たちの失業状態についてオバマ政権に抗議運動を起こしている。だから、もう一方では、経済問題が非常に重要であり、職業や収入を十分に得ていない国民を救うために、中国とアメリカ合衆国の間の経済政策に関して、幾つかの方針を持たなければならない。

　その一方で、われわれは、中国が次の侵略国家になるおそれがあると見なさなければならない。

3 We Want to Suppress China's Expanding Policy Militarily and Economically

might be true.

We are the only superpower of the world. We have responsibility and we must obey the order of the Almighty God or the God of Rightness.

These two problems are difficult to make compatible among some people. But I will remake or rebuild the American economy and we will also have a strong military policy against China. It is a very, very difficult theme, but Black (Barack) Obama cannot take on this great challenge.

I am the Savior of America. So you can rely on me. Japanese people will become safer and safer when I become the president of the United States of America. You can sleep well

3 「中国の拡張政策」を軍事的・経済的に抑えたい

本当にそうなるかもしれないからね。

われわれは世界で唯一の超大国なので、それだけの責任があるし、全能の神、あるいは正義の神の命令に従わなければならないのだ。

これら二つの問題をいろいろな人々の間で両立させることには非常に難しい面があるが、しかし私は、アメリカ経済を再生、再建するつもりだ。そして、中国に対しても、強い軍事政策をとるつもりだ。これは非常に難しいテーマだが、ブラック（バラク）・オバマは、この偉大な挑戦を実行することができない。

だから、私がアメリカの救世主なのだ。あなたがたは私に頼っていいだろう。私がアメリカ合衆国大統領になれば、日本人は、もっともっと安全になり、よく眠れるようになることは間違いない。

from that time. I am sure.

MC I have a question about your Asian policy. In your Asian strategy, what do you think we Japanese should do to other Asian areas?

G.S. of Gingrich You experienced great sufferings last year. I'm very sorry that it happened. We must aid Japanese people, so we can't expect too much from you.

However, Japan will survive and its economy will recover soon. I will take such kind of trading policy to promote the recovering of the Japanese economy. We will assist you in

3 「中国の拡張政策」を軍事的・経済的に抑えたい

司会 アジア政策についてお尋ねいたします。あなたのアジア戦略において、われわれ日本人は、他のアジア地域に対して何をすべきだとお考えですか。

ギングリッチ守護霊 あなたがたは、昨年、大きな苦しみを味わった。これは非常に残念なことだし、われわれは日本人を支援しなければならない。だから、あなたがたには、あまり多くのことを期待できないと思う。

　しかし、日本は苦難を乗り越え、経済をまもなく回復させるだろう。私は日本経済の復活を推進するような貿易政策をとるつもりだ。われわれは、その方向であなたがたを支援し、また、中国経済

3 We Want to Suppress China's Expanding Policy Militarily and Economically

this direction and we will suppress China's economy.

The main reason for this is their expanding policy. Of course, they will continuously expand but we must pull out their strong teeth and they must change their attitude to some sort of tame attitude. They must be kind to Japanese people and Asian people and they should obey the United States. They must recognize how much difference there is between the our two countries in its economy, technology and, of course, the level of people in prosperity, in freedom and in wisdom.

These two counties are thought to be great countries but they're very different. We must differentiate the crucial points of these two

3 「中国の拡張政策」を軍事的・経済的に抑えたい

を抑えるつもりでいる。

　その主な理由は、彼らの拡張政策にある。もちろん、彼らは継続的に拡張していくだろうが、われわれは彼らの牙を抜き、おとなしい態度に変えさせなければならない。彼らは、日本人やアジアの人々に対し、親切でなければならない。

　そして、アメリカに服従すべきだ。経済や技術、あるいは国民の繁栄や自由のレベル、教養において、われわれの国との間に差があることを、彼らは認識しなければならない。

　この二つの国は「大国」と見なされているが、しかし、非常に異なっている。われわれは、両国の極めて重要なポイントを区別する必要がある。

countries. We are the future society, but they are the "next stage society."

They will need more than 30 years to overcome or catch up with our country, but in that time, we will go further and further, so they cannot catch up. Like some story of Aesop, they cannot catch up to the United States of America.

3 「中国の拡張政策」を軍事的・経済的に抑えたい

われわれの社会は未来社会であり、彼らは発展途上の社会なのだ。

　彼らがわれわれに追いつき、追い抜いていくには、まだ30年以上はかかるだろう。しかし、そのころには、われわれは、さらに先へ進んでいるだろう。つまり、彼らは追いつけないということだ。イソップ物語か何かに同じような話があったと思うが、彼らはアメリカ合衆国に追いつくことができないのだ。

4 Stimulating America's Economy is an Urgent Matter

B—— I would like to ask about the future policy of the United States because the United States is a great nation and the leading country of the world.

Do you have any policies regarding the universe? I heard you have a future vision of constructing a base on the moon.

G.S. of Gingrich   Hmm?

B—— Are you planning to build a base on the moon?

4 「アメリカ経済の活性化」が緊急課題

B ──　アメリカ合衆国の未来戦略についても、お訊きしたいと思います。なぜなら、合衆国は、大国であり、世界で主導的地位にある国だからです。

　あなたは、宇宙に対して、どのような主要戦略をお持ちですか。月面に基地を建設するという未来ビジョンがあるようですが。

ギングリッチ守護霊　うーん？

B ──　月面基地を建設する計画をお持ちですか。

G.S. of Gingrich A base on the moon? That is a very weird question. It's very weird. What do you mean? Do you want me to answer from a scientific aspect?

B—— Yes.

G.S. of Gingrich A base on the moon?

A—— I think to have a strong military, American people need a strong economy.

So in order to stimulate the economy, maybe you need a strong future industry or something like that.

I think his question is related to the building of a strong economy.

4 「アメリカ経済の活性化」が緊急課題

ギングリッチ守護霊　月面基地？　かなり変わった質問だね。とても奇妙だ。何が言いたいのかな？ 科学的視点から訊きたいのか。

B ── そうです。

ギングリッチ守護霊　月面基地？

A ── 強大な軍事力を持つためには、アメリカ国民には、強い経済が必要です。
　経済を活性化させるために、強力な未来産業のようなものが必要なのではありませんか。

　彼が訊きたいのは、強い経済を築くことと関係があるのではないかと思います。

G.S. of Gingrich You have seen a lot of Hollywood movies. In reality, we have many urgent problems.

So, are you asking me about the stimulating policy or are you asking me about the new American dream?

Of course, it is just propaganda made by our staff. Our main point should not stress such kind of scientific and space-related matters.

We should make more jobs and employees, so we must supply a lot of money to each company and its affiliates and enable them to hire more and more employees. It is an urgent matter that must be done within one or two

4 「アメリカ経済の活性化」が緊急課題

ギングリッチ守護霊 あなたがたはハリウッド映画をたくさん見ているようだが、実際、われわれには、諸問題に対する緊急課題がたくさんあるからね。

あなたは、経済の活性化政策や、新しいアメリカン・ドリームといったことについて訊いているのかな。

もちろん、それ(月面基地)は、われわれのスタッフの宣伝活動にすぎない。しかし、大事なポイントは、そういう、科学的な、宇宙関連の問題に置くべきではない。

われわれは、もっと仕事や雇用をつくるべきなんだよ。したがって、各企業やその関連会社に、大量の資金を供給し、彼らが雇用を増やせるようにしなければならない。それが緊急課題であり、ここ1～2年以内にやらなければならないことだ。

years. This must be my raison d'être.

After that we must set up a fundamental policy for my eight years presidency period. My presidency period must be eight years. I shall be the Charles de Gaulle of the United States of America. So you must rely on me.

You can and will see a new America, a stronger America and a hopeful America.

Japan should accompany us and you will again become number two in the world in GDP. I hope so. I will aid your economic policy.

4 「アメリカ経済の活性化」が緊急課題

これこそが、私の存在意義なのだ。

そのあと、8年間のアメリカ大統領の任期における基本政策を固める必要がある。私の大統領の任期は8年でなければならない。私は、アメリカ合衆国のシャルル・ド・ゴールになるのだ。だから、私を頼りにしなければならない。

あなたがたは、新しいアメリカを、より強いアメリカを、希望あるアメリカを見ることができるし、それを見ることになるだろう。

日本は、われわれについてくるべきであり、そうすれば、再びＧＤＰ世界No.2になれるだろう。そう願っているよ。私は、あなたがたの経済政策を支援するよ。

5 Obama Doesn't Understand the Spirit of Capitalism

A—— As you said, the unemployment rate in the United States is now more than 8%.

G.S. of Gingrich Yeah. 8.5% or so.

A—— It's a big issue. I think under such situation, like Mr. Obama or Mr. Carter, many presidents....

G.S. of Gingrich He's not good.

A—— Mr. Obama cannot become the next

5　オバマは「資本主義の精神」を理解していない

Ａ──　あなたのおっしゃるとおり、現在、アメリカの失業率は8％を超えています。

ギングリッチ守護霊　そうそう。8.5％か、それくらいだ。

Ａ──　これは大きな課題です。そのような状況のなか、オバマ氏やカーター氏のような、多くの大統領が……。

ギングリッチ守護霊　彼はよくない。

Ａ──　オバマ氏は次の大統領にはなれないで

president. So maybe you need to solve this kind of problem.

How will you create jobs in the United States?

G.S. of Gingrich He did too much. He is not the Savior. The American government cannot manage or make profit like companies through their own policies.

The private sector of the United States must have more power and they themselves can add more money. It is their responsibility and their right to earn money, get profits and create the prosperity of America.

We will just assist them. He did too much because of his empty philosophy. He attacked

しょう。ですから、あなたが、この問題を解決する必要があるかもしれません。

あなたは、アメリカ合衆国における雇用を、どのようにして創出されますか。

ギングリッチ守護霊 彼はやりすぎた。彼は救世主ではない。アメリカ政府は、自分たちの政策によって、企業のように、利益を生むことができないでいる。

合衆国の民間企業は、もっと力を持たなければいけない。そうすれば、彼ら自身で、資金をもっと追加できるのだ。これは、彼らの責任だし、「稼いで利益を出し、アメリカの繁栄をつくる」という権利でもある。

われわれは、彼らを支援するだけだ。オバマは、「強くて富める人々を攻撃し、下流層を底上げし

5 Obama Doesn't Understand the Spirit of Capitalism

the strong and wealthy people of America and he wanted to lift up the lower-level American people and produce more and more middle-level American people, just like Japan. But I don't think this is the American dream. The American dream must be based on freedom from government and economical prosperity. He doesn't understand this point.

We are not Japanese. We are not Japan. Japan can do that because they are Japanese. Japanese people like being in the middle because higher rank or earning too much invites envy from others. Japanese people hate this situation.

But Obama wants to change the United States into Japan. Japan is a beautiful and good

5 オバマは「資本主義の精神」を理解していない

たい」という、中身のない哲学を持っていたので、極端なことをやってしまった。そして、彼は、アメリカの中流層を、日本のようにもっと生み出そうとした。しかし、それは、アメリカンドリームではないと私は思う。アメリカンドリームとは、「政府からの自由」と「経済的繁栄」に基づくものであるべきだ。彼は、この点を理解していない。

われわれは日本人ではないからね。われわれは日本ではない。日本はこれができる。なぜなら、彼らは日本人だからだ。日本人は中流を好むけれども、それは、高い地位や稼ぎが他人の嫉妬を買うからだ。日本人はそういう状況を嫌う。

しかし、オバマは、アメリカを日本のように変えたいと思っている。日本は、美しくて、よい国

country, I know, but America is America, Japan is Japan, and China is China. We are different countries. So, America must seek to become stronger and stronger.

I don't attack the wealthy people of Wall Street like Obama. He doesn't understand the spirit of capitalism. It's the main problem because he himself has some kind of envy in him. It's a hatred for rich white American people.

I'm not so concerned about the difference between rich people and poor people because it comes from the spirit of the starting point of this country.

We are free to become richer and richer, or to become poorer and poorer.

5 オバマは「資本主義の精神」を理解していない

だよ。それは私も知っている。しかし、アメリカはアメリカであり、日本は日本であり、中国は中国だ。別の国なのだから、アメリカは、もっともっと強くなることを求めるべきだ。

したがって、私は、オバマのようにウォール街の富裕層を攻撃したりはしない。彼は、資本主義の精神を理解していない。これが大きな問題なのだ。なぜなら、彼自身が、そういう人々を妬んでいるからだ。それは、アメリカの白人の富裕層、アメリカの豊かな白人への憎しみだ。

私は、金持ちと貧しい人の違いについて、そんなに気にしていない。それは、この国の原点とも言うべき精神から来ているからだ。

われわれは、もっとお金持ちになることも、もっと貧乏になることも自由なのだ。

But our main policy is to save the people of the lowest level. They are the same humans, they are not animals, so we must save the lower-level people and bring them up to the fundamental level of happiness or economic stage. That's all.

We must also abandon the regulations regarding economic prosperity. This is the main point of Republicans and me.

Obama doesn't know about that. He has an Indian-like policy; he always insists that Indians should be as rich as American WASPs. He said so.

It's a little different, I think so. You understand?

5 オバマは「資本主義の精神」を理解していない

　しかし、われわれの主要政策は、最下層の人々を救済することになっている。彼らは同じ人間だし、動物ではないからね。だから、低所得層の人々を、最低限の経済レベル、基本的な幸福のレベルまで救う必要はあるが、それだけだ。

　そして、経済繁栄に関する規制を捨てなければいけない。それが、共和党と私の主要な考え方なんだよ。

　オバマには、これが分かっていない。彼の政策は、インディアンのような政策だ。彼は、いつも、「インディアンは、WASP(ホワイト・アングロサクソン・プロテスタント)の白人と同じように裕福であるべきだ」と主張している。

　それは少し違うと思うのだが。分かるかな。

5 Obama Doesn't Understand the Spirit of Capitalism

A—— Yes.

5 オバマは「資本主義の精神」を理解していない

A―― はい。

6 Romney is the Next Warren Buffett

A—— I have one question.

G.S. of Gingrich Uh-huh.

A—— I think you criticized Mitt Romney for paying less tax.

G.S. of Gingrich Mitt Romney. Haha.

A—— Yes. About reducing taxes....

G.S. of Gingrich Of course we are friends, as Republicans.

6 ロムニーは
「次のウォーレン・バフェット」だ

A——　一つ質問があります。

ギングリッチ守護霊　いいよ。

A——　あなたはミット・ロムニー氏は税金をあまり払っていないと批判しておられますね。

ギングリッチ守護霊　ミット・ロムニーね。アハハ。

A——　そうです。減税に対して……。

ギングリッチ守護霊　もちろん、われわれは、共和党員として友人だよ。

A—— He said that his tax rate was approximately 15%.

G.S. of Gingrich Yeah yeah.

A—— I think the tax rate of rich people is different from the middle class or lower class [Note]. So this difference becomes a big issue.
_(p.84)

For example, Warren Buffett said that his tax payment is lower than his employee.

Do you want to decrease the tax rate of the middle class or do you want to increase the tax rate of rich people?

G.S. of Gingrich Ok.

6　ロムニーは「次のウォーレン・バフェット」だ

A──　彼は、「自分の税率は15％である（所得の15％を納税している）」と言っていました。

ギングリッチ守護霊　そうそう。

A──　富裕層に対する税率は、中間層や低所得層に対する税率と異なっています〔注〕。そして、この税率の違いが、大きな問題になっています。
(p.85)

　例えば、ウォーレン・バフェット氏は、「私の納税額は、私の従業員よりも低い」と言っています。

　そこで質問ですが、あなたは、中間層の税率を下げたいとお考えですか。それとも、富裕層の税率を上げたいとお考えですか。

ギングリッチ守護霊　オーケー。

Firstly, Warren Buffett cannot be an American president, so he can speak in every respect.

Mitt Romney also can earn money. He can be a billionaire. I don't envy him, but he cannot be the American president. That's all.

He can earn money of course, but he is a businessman. That's all. He is not an American president. That's the difference.

He can earn more money, of course. You said 15%, but whether the 15% tax rate is low or high depends on the situation because investment includes some kind of risks. So the usual tax rate for the upper class or wealthier people, for example, is 35% and that income

6 ロムニーは「次のウォーレン・バフェット」だ

　まず、ウォーレン・バフェットは、アメリカ大統領にはなれない。だから、彼は、あらゆる点について自由に話すことができる。

　また、ミット・ロムニーはお金を稼ぐことができる。彼は億万長者にもなれるが、私は彼をうらやましいとは思わない。彼はアメリカ大統領にはなれない。それだけのことだ。

　もちろん、彼はお金を稼げるよ。しかし、彼は事業家であり、アメリカ大統領ではない。単に、その違いだね。

　彼は、もっとお金を儲けることができる。あなたは15％と言ったが、15％の税率が低いか高いかは状況による。なぜなら、投資は、ある種のリスクを含んでいるからね。だから、通常の税率は35％であり、例えば、上流階級層、富裕層はそれだけの額を国に支払っているのだ。だから、ミッ

is taken by authority. Mitt Romney must pay 35% if he was a normal working person or business person.

But he earns through investment and investment includes risk. The 20% difference between these two tax rates includes risks, which means the braveness or the risk of losing money, so it's okay for a businessman. He can be a great businessman.

He must aim to become the next Warren Buffett, I think so. Yes, he can and he must become the next Warren Buffett and I will become the next Obama.

As for how I will fix the total tax rate just depends. But firstly, we must stimulate our

ト・ロムニーが通常の労働者やサラリーマンであれば、35％の税金を払わなければならない。

しかし、彼は、投資によって稼いでいる。しかも投資にはリスクがつきものだ。この二つの税率の差であるところの20％は、リスク分だ。つまり、「お金を失うリスクを負った」ということ、あるいはそれだけの勇気があったことを示しているのだ。それは、ビジネスマンとしてはいいことだ。彼は、偉大(いだい)なビジネスマンになれるよ。

彼は、次のウォーレン・バフェットを目指すべきだ。私はそう思う。彼ならできるよ。彼は、次のウォーレン・バフェットであり、次のオバマは私であると思っている。

「税率をどう確定するか」は、状況(じょうきょう)にもよるが、まず、われわれは、アメリカ経済を活性化させな

economy, the American economy. It's our first step. The tax rate is the secondary system.

> Note: America's highest income tax rate is 35%, but in regards to dividends and capital gains, the maximum tax rate is reduced to 15%.

6 ロムニーは「次のウォーレン・バフェット」だ

ければいけない。それが第一歩であり、税率は2番目のシステムだ。

〔注〕アメリカの連邦（れんぽう）所得税の最高税率は35％だが、株式の配当や譲渡益（じょうとえき）については、最高15％に軽減されている。

7 My First Priority is to Create a New World Strategy

G.S. of Gingrich Perhaps you want to discuss the budget deficit, but you don't need to think too much about that. We can issue a lot of bucks. I mean the green-colored dollars.

We can just print and it will become one dollar, ten dollars and a hundred dollars. We could do this because we are the only superpower of the world.

We have the number one military power. If we wanted to, we can now conquer the entire world. Yes, we can. This is the reason we can rely on our fundamental economy.

7 最優先課題は、 「新しい世界戦略」をつくること

ギングリッチ守護霊 あなたは、アメリカの財政赤字について何か言いたいのかもしれないが、それについてあまり考えてはいけない。われわれは、大量のお金、つまり、"ドル紙幣"を発行することができるのだからね。

ただ印刷すれば、それが1ドル、10ドル、100ドルになっていく。われわれは、世界で唯一の超大国だから、それができるのだ。

われわれは、最強の軍事国家だ。もし、われわれが、今、「地球上のすべての世界を征服したい」と思えば、それは可能だ。それが、われわれの経済基盤の拠り所なのだ。

7 My First Priority is to Create a New World Strategy

For example, Japan is a great country and has a strong economy. But if North Korea launched, for example, a nuclear missile, your economic policy and economic status cannot expect a future because you cannot fight against them with your regulations but we can, of course.

And China, we have let them earn a lot because we have kept the policy of a weaker Yuen to let them earn from the United States or other countries.

But it's time. They must cut their handicap. They must take such kind of attitude as a fair competitor. We are now at the same starting point. From now on, the United State of America, Japan and China, these three great

7　最優先課題は、「新しい世界戦略」をつくること

　例えば、日本は、偉大な国であり、経済において大きな力を持っている。しかし、北朝鮮が、例えば、核兵器を発射したならば、あなたがたの経済政策や経済状態は未来が望めない。なぜなら、自国の規制によって、彼らに対抗できないからだ。しかし、われわれは、もちろん、対抗できる。

　そして、中国についても、われわれは、彼らを儲けさせている。というのも、われわれが、安い人民元政策をとって、合衆国や他の国から稼がせてやっているからだ。

　しかし、そろそろ彼らもハンディを取り去らねばならない。公平な競争者としての姿勢をとらなければならないのだ。われわれは、今、同じ出発点に立っている。これより後、アメリカ合衆国と日本と中国、これら三つの経済大国が同じ立脚点

economic countries should be at the same standpoint and compete fairly.

So the tax rate is the next problem. Firstly, we will stimulate the American economy. As for myself, I will aid the resurrection of the Japanese economy because you suffered a lot last year. We will aid you and assist you and we will make you a strong competitor of China again. I promise.

MC Thank you. So a growing economy is your first priority?

G.S. of Gingrich Hmm?

MC Is that right?

7　最優先課題は、「新しい世界戦略」をつくること

に立ち、公平に競争しなければならない。

　したがって、税率は次の課題だ。まず、われわれは、アメリカ経済を活性化させるつもりでいる。そして、私自身は、日本経済の復活を支援しようと思っている。あなたがたは、去年、たいへん苦労したからね。われわれは、あなたがたを支援し、助け、再び、中国に対抗する強力な競争相手になるようにするつもりだ。私はそれを約束しよう。

司会　ありがとうございます。つまり、経済成長が、あなたの最優先課題ですか。

ギングリッチ守護霊　ん？

司会　それで合っていますか。

G.S. of Gingrich Hmm…. It's one of my priorities.

MC What's your priority number one?

G.S. of Gingrich My priority number one?

MC Yes.

G.S. of Gingrich It's to create a new world strategy. I mean a new order based on the American strategy.

America should be the superpower during my presidency. So, I might be the successor of George Washington or Lincoln. I am stronger

7 最優先課題は、「新しい世界戦略」をつくること

ギングリッチ守護霊　私の優先課題の一つだ。

司会　最優先事項は何ですか。

ギングリッチ守護霊　最優先？

司会　そうです。

ギングリッチ守護霊　それは「新しい世界戦略」だ。つまり、アメリカの戦略に基づく、新しい世界秩序のことだ。

　アメリカは、私の大統領任期中は、超大国であるべきだ。つまり、私は、ジョージ・ワシントンやリンカンの後継者かもしれないね。私は、もち

than Mr. Kennedy, of course.

So you can rely on me if I become president. The world is enough. Just the fact that Gingrich is the new leader of the United States means that there would be no need for the United Nations. There would be no enemies in the world.

There will be a new strategy, a strong strategy, a strong America. America will become a superpower again. This is the main point. This includes an economic resurrection, of course.

7 最優先課題は、「新しい世界戦略」をつくること

ろん、ケネディ氏より強いがね。

　もし、私が、大統領になれたならば、私を頼りにしていいよ。それで世界は十分だ。ギングリッチがアメリカの新しいリーダーであるという事実だけで、国連は必要ないということを意味している。世界に敵がいないわけだからね。

　つまり、「新しい戦略」「強いアメリカ戦略」「超大国再び」ということだ。アメリカは、再び超大国になる。これが重要な点だよ。そのなかには、当然、経済的復活も含んでいるがね。

8 Iran Doesn't Know the Difference between Iranian and American Military Power

A—— Excuse me. I have another question.

G.S. of Gingrich Uh-huh?

A—— Perhaps America also needs to cope with Iran.

G.S. of Gingrich Hmm? Cope with Iran?

A—— The issue in Iran.

G.S. of Gingrich Ahh....

8 アメリカとの軍事力の違いが
　　分かっていないイラン

A──　すみません。質問があります。

ギングリッチ守護霊　何だ？

A──　アメリカには、イランに対処する必要もあるのではないですか。

ギングリッチ守護霊　うん？　イランに対処？

A──　イラン問題です。

ギングリッチ守護霊　ああ。

A —— Iran is trying to develop nuclear weapons.

G.S. of Gingrich We don't need Iran.

A —— I think you are regarded as a hardliner and I recall you saying that Palestinians were terrorists. If possible, I would like you to talk about your Middle East diplomatic policy.

G.S. of Gingrich Of course, we would cooperate with other powers like Israel, U.K. or other countries. But maybe Israel has enough power to punish Iranian people. They

8 アメリカとの軍事力の違いが分かっていないイラン

A ── イランは核兵器を開発しようとしています。

ギングリッチ守護霊　イランなど要らない。

A ── あなたは強硬主義者だと見なされていると思いますが、「パレスチナ人はテロリストだ」などと言われたことがありますよね。もし可能ならば、中東に対する外交政策について、お話しいただけますか。

ギングリッチ守護霊　もちろん、われわれは、イスラエルやイギリスといった、他の強国と協力する。しかし、イスラエルは、イラン人を罰するのに必要な力を十分に持っているだろう。十分な力だ。

8 Iran Doesn't Know the Difference between Iranian and American Military Power

have enough power.

B —— What do you think about Islamic countries or Islamic people?

G.S. of Gingrich Islamic people? It's a difficult problem.

Even in the United States of America, around 1% of the people are Islamic. They also belong to the United States. The difference of religion cannot define everything.

Of course, our Constitution says that all people have the freedom of religion, so I won't attack people because of their religious choice. Whether they choose Christianity or Islamic teachings, it's not my main matter.

8 アメリカとの軍事力の違いが分かっていないイラン

B――　イスラム教国やイスラム教徒については、どうお考えでしょうか。

ギングリッチ守護霊　イスラム教徒？　これは難しい問題だね。

　アメリカでさえ、イスラム教徒が約1％いるよ。彼らはアメリカにも属している。宗教の違いだけで、すべてを定義できるものではない。

　もちろん、われわれの憲法は「信教の自由」を謳（うた）っているから、宗教の選択（せんたく）を理由に人々を攻撃（こうげき）するつもりはない。キリスト教を選ぼうが、イスラム教を選ぼうか、それは、私にとって、重要な問題ではない。

We statesmen must judge from the global perspective, from outside of this country. We must look at their activity, their aim and how big of a threat they are to other countries. It's a decision of statesmen or politicians.

I see Iranian leaders having a poor brain. They cannot think from the standpoint of worldwide thinking, so we must teach Iranian people that they are thinking too much of themselves.

If they are allowed to have nuclear weapons or missiles, it would become a crisis for other countries, especially the tankers of our friendly countries which go though Hormuz Strait. They will be in peril from now on, so we must exclude their missile fleet. It's not so difficult

8 アメリカとの軍事力の違いが分かっていないイラン

 われわれ政治家は、世界的な視点で、つまり、国の外から見て、物事を判断しなければならない。彼らの活動や目的、あるいは他の国々にとって、どれだけ脅威になっているかを見なければならない。それが、政治家の決断なのだ。

 私は、イランの指導者は頭が悪いと感じている。彼らは世界的な規模で物事を考えられないのだ。だから、彼らが自分たちのことばかり考えていることを、教えなければならない。

 彼らが、もし核兵器や核ミサイルの保有を許されたら、他の国々にとっては、特に、ホルムズ海峡を通過する、われらの友好国のタンカーにとっては、危機になる。彼らにとっては、これからが危機だ。だからこそ、われわれは、イランのミサイル艦隊を取り除かなければならない。これは難

for us.

They don't know the difference of military power. We can make them disappear from this world within one or two months. It's a difference of real military power. They don't know about it, so we will show them the reality.

Our aim is not to kill them or only to punish them. It will save, aid and protect our friendly countries.

For example, Japan imports 80% of their crude oil from the gulf area through Hormuz strait. If the Iranian government intrudes your transportation, we will fight to exclude their bad intension.

You can rely on me if the Republicans win.

8 アメリカとの軍事力の違いが分かっていないイラン

しいことではない。

　アメリカとの軍事力の違いが彼らには分かっていない。われわれは、1～2カ月で彼らを地上から消すことができるのだ。これが本当の軍事力の差だ。それが分かっていないから、彼らに現実を見せてやる。

　しかし、それは、彼らを殺すことや罰することが目的ではない。それが友好国を救い、助け、守ることになるのだ。

　例えば、日本は、原油の80％を、湾岸(わんがん)諸国から、ホルムズ海峡を通るタンカーを使って輸入しているだろう。もし、イラン政府が、あなたがたの輸送路を侵略(しんりゃく)したら、われわれは、その悪(あ)しき意図をくじくために戦うだろう。

　もし共和党が今度の大統領選に勝てば、私を頼(たよ)

Surely you can expect that we can do that.

We are not Obama. By "Obama" I mean "weak person." So we are not Obama. We can fight against evil.

So you can rely on us. I'm sure your energy policy can be sustained by our Republican policy.

8　アメリカとの軍事力の違いが分かっていないイラン

りにしてもいいぞ。確かに、われわれにはそれができると期待していいだろう。

われわれはオバマではない。オバマとは、「弱い人間」という意味だ。だから、われわれはオバマではない。われわれは、悪に対して戦うことができる。

だから、期待していいぞ。あなたがたのエネルギー政策は、共和党の政策によって支えられるのだ。それは確かだ。

9 Japan Should be Friends with Russia

MC Next, I will ask you about Russia. This year the Russian leader will change to Mr. Putin again.

G.S. of Gingrich Don't use the word "change."

MC What do you think about that?

G.S. of Gingrich Resurrection. Haha.

MC What do you think about Russia?

9　日本はロシアと仲良くすべきだ

司会　次に、ロシアについてお伺(うかが)いします。今年、ロシアの大統領はプーチン氏に替(か)わると言われています。

ギングリッチ守護霊　"チェインジ"（変化の意を含む）なんて言うなよ。

司会　それについて、どう思われますか。

ギングリッチ守護霊　復活だね。ハハハ。

司会　ロシアについては、いかがでしょうか。

9 Japan Should be Friends with Russia

G.S. of Gingrich My opinion about Russia?

MC Yes.

G.S. of Gingrich Russia… Russia…. I don't think too much about your northern island territory.

During the period of the Putin regime, there will be no problems between Russia and Japan. He's friendly to Japan, so it will be easy for you to have good talks with Putin.

You can promote your economic policy between Russia and Japan and I'm sure it will contribute to your economic resurrection. It's good for you and you should be friends with

9　日本はロシアと仲良くすべきだ

ギングリッチ守護霊　ロシアに対する私の考えを訊いているのかね。

司会　はい。

ギングリッチ守護霊　ロシア……、ロシアね。私は、あなたがたの北方領土問題については、あまり考えていないよ。

　北方領土について、プーチンの統治時代には、ロシアと日本の間に何の問題も起こらなかったね。彼は日本に対して好意的なんだ。

　だから、プーチンとは、有意義な話し合いがしやすいだろう。ロシアと日本の間で経済政策を推進すればよいのだし、そうすれば、日本の経済復興にもつながると思うね。それは、あなたがたに

9 Japan Should be Friends with Russia

Russia.

Russia is not your enemy in this time. The cooperation between Japan, Russia, United States of America and other Asian countries, will protect and check the military expansion of China, the next emperor of China.

We are sure that he will be an evil man and we must cooperate with our neighboring counties.

Our main problem is China and, of course, North Korea.

9　日本はロシアと仲良くすべきだ

とってはよいことなのだから、ロシアとは仲良くすべきだ。

　現時点では、ロシアは、あなたがたの敵ではないし、日本とロシア、アメリカ、他のアジア諸国が協力すれば、中国の次の"皇帝"の軍事拡張を抑制し、防ぐことになるだろうね。

　確かに、中国の次の"皇帝"は悪人になるであろうから、われら近隣諸国は協力し合わねばならない。

　中国こそ、そして、もちろん、北朝鮮が、われわれの主要な問題だろうね。

10 "The End" are Very Suitable Words for North Korea

B—— How will you solve the problem with North Korea?

G.S. of Gingrich We must give the words "the end" to North Korea. "The end" are very suitable words for them.

B—— Does that mean you will wage war against North Korea?

G.S. of Gingrich We don't need war. We just need pressure. If the 7th fleet of U.S. shows

10 北朝鮮には、「ジ・エンド」という言葉が最もふさわしい

B―― あなたは、北朝鮮問題を、どのように解決しようとお考えでしょうか。

ギングリッチ守護霊　われわれは、彼らに、「ジ・エンド」という言葉を与えなければならないね。「ジ・エンド」というのが、彼らにとって最もふさわしい言葉だ。

B―― つまり、北朝鮮に対して、戦争を起こすおつもりなのでしょうか。

ギングリッチ守護霊　戦争などは要らないよ。圧力をかけるだけでよい。北朝鮮に核兵器があることを

an attitude to attack North Korea because of their nuclear weapons, they will surrender. Of course, they cannot defeat us.

Republicans are Republicans and we can do that. Mr. Weak Obama cannot.

10　北朝鮮には、「ジ・エンド」という言葉が最もふさわしい

口実にして、「アメリカの第7艦隊が北朝鮮を攻撃する」という態度を見せれば、北朝鮮は降参してくるよ。もちろん、彼らには、われわれを破ることなどできない。

　共和党は共和党だ。われわれには、それができる。弱腰オバマにはできないがね。

11 FRB Chairman Bernanke is Different from the Top Leader of Japan's Central Bank

A—— I think the diplomatic policy is important for Japanese people, but regarding the upcoming election, I think that your economic policy is the most important issue.

G.S. of Gingrich Yeah, that's right.

A—— How will you promote economic growth through monetary policies, fiscal policies or both? I think the Chairman of FRB, Mr. Bernanke, officially set the inflation objective at 2%. Do you have any comments

11　ＦＲＢのバーナンキ議長は日銀総裁とは違う

Ａ──　日本人にとっては、アメリカの外交政策も大切なのですが、大統領選挙においては、おそらく、経済政策が最も重要ではないかと思います。

ギングリッチ守護霊　そうだ。そのとおり。

Ａ──　では、金融政策や財政政策、また、その両方を通して、どのように経済成長を図っていこうと思っておられるのでしょうか。
　最近、ＦＲＢ（連邦準備制度理事会）の議長、バーナンキ氏が、アメリカのインフレ目標を正式に2％

on that?

G.S. of Gingrich It's good. Bernanke will do a good job and we can rely on him.

Bernanke is different from the top leader of Japan's central bank.

He does nothing and, in the real meaning, he is a bureaucrat. It means "think nothing."

But Bernanke will do good things and of course I will cooperate with him.

I think 2% is not enough, but enough money supply will revive a lot of companies and we can hire a lot of employees. We will cooperate with Japan, and US-Japan co-managed

11　ＦＲＢのバーナンキ議長は日銀総裁とは違う

に設定しましたが、これについて、何かコメントはありますでしょうか。

ギングリッチ守護霊　それはよいことだ。バーナンキは、よい仕事をするだろうし、われわれは彼に期待している。
　バーナンキは日銀の総裁とは違うからね。

　日銀総裁は何もしていない。彼は実際には官僚だ。つまり、「何も考えていない」ということだ。
　しかし、バーナンキは、よい仕事をする。もちろん、私も彼に協力する。
　「2％」は十分ではないと私は思っているが、十分な通貨供給が多くの企業を活性化させるだろう。そうすれば、企業は従業員を数多く雇うことができる。また、日本と協力して、米日共同経営

companies will regain themselves and we can hire more employees.

I am aiming to decrease the jobless rate from 8.5% to 4% in my first 4 years.

It's my thinking and I will do that.

の企業を立ち直らせれば、さらに多くの雇用を創出することができる。

　私は、最初の4年間で、失業率を現在の8.5%から4%へと下げることを目標にしている。

　これが私の考えであり、私は、それをやり遂げるだろう。

12 The Preferred Next Government of Japan

B—— I'd like to ask about the relationship between Japan and America.

G.S. of Gingrich Ahh... Japan.

B—— As you said, I believe the relationship between two countries is very important, not just for each country but for the world.

What do you expect from the Japanese government or Japanese people?

G.S. of Gingrich No more Noda, I think.

12　望ましい「次の日本政府」とは

B──　それでは、日本とアメリカの関係について伺(うかが)いたいと思います。

ギングリッチ守護霊　ああ、日本ね。

B──　あなたが先ほどおっしゃいましたように、私も、日米の関係が、日米両国にとってだけでなく、世界にとって、とても大事であると考えています。
　あなたは、日本政府や日本人に、どのようなことを期待しておられますでしょうか。

ギングリッチ守護霊　野田はもう要(い)らないね。日本の

12 The Preferred Next Government of Japan

The Japanese Democratic Party is not good. They need to be changed. This means a change of regime.

Maybe the next government should be LDP and other political parties under the cooperation of LDP and another political party. I think it will be preferable.

If your political party, Happiness Realization Party, can get seats, you can join the government too. It's preferable. I think so.

民主党はよくない。彼らは、もう交代する必要があるね。つまり、政権交代する必要がある。

　おそらく、次の政府は自民党になるべきだ。あるいは、自民党と協力する他の政党だ。それが望ましいと思うね。

　あなたがたの政党、幸福実現党が、もし議席を取れるなら、政府に入れるね。それが望ましいと思うよ。

13 I have a Conservative Belief in Christianity

MC Our last question is about your faith.

G.S. of Gingrich Face? Face? (Note: This confusion comes from pronunciation of MC.)

B—— Faith.

MC Religious belief. What do you think about religion?

G.S. of Gingrich This is the main attacking point for Mr. Romney, but I'm a gentleman,

13　私はキリスト教への
　　保守的な信仰を持っている

司会　最後の質問をします。あなたの信仰（faith〔フェイス〕）についてです。

ギングリッチ守護霊　顔（face〔フェイス〕）か？　顔？（注。司会の発音が聞き取れず混乱した。）

B──　信仰です。

司会　宗教的信心のことです。宗教について、どう思われますか。

ギングリッチ守護霊　それがロムニー氏に対する主たる攻撃ポイントだ。しかし、私は紳士だから、そ

so I won't talk too much about that. It might be the main losing point of Mitt Romney. He's a Mormon follower. Mormonism isn't major in the United States of America. It's impossible for him to get the majority's support.

Mr. Obama's "Change movement" made it possible for a black person to become the president of the United States of America. I think Romney needs a movement of the same level.

Mitt Romney was skyrocketing, but is now downrocketing so it's very difficult for him.

I have a conservative belief in Christianity. So I'm not a keen-edged to religious speaker

13　私はキリスト教への保守的な信仰を持っている

れにはあまり触れないようにしている。それは、ミット・ロムニーにとって、大きな失点になるだろうね。彼はモルモン教徒だから。モルモン教はアメリカでは主流じゃないよ。主流の支持を得ることは、彼にとっては不可能だろうね。

　オバマが「チェインジ」を掲げることで、黒人がアメリカ大統領になることを可能にしたように、ロムニーにも、同じレベルのムーブメント（うねり）が必要だと思うね。

　ただ、ミット・ロムニーは、急に出てきたかと思うと、今では急に下がっているから、（大統領候補になるのは）難しいと思うね。
　私はキリスト教への保守的な信仰を持っている。私は舌鋒鋭い宗教者や長官、判事とは違うが、

or the commissioner or judge. But America should be America, so America should go back to traditional America. I think the usual American Christianity is preferable.

B—— I heard you believe in Roman Catholicism. What do you think about other religions such as Buddhism, Islam and Hinduism and, maybe you don't know about us, but Happy Science?

G.S. of Gingrich If you give me some votes, it's ok, no problem. How many votes do you expect in the United States of America?

B—— Some.

13 私はキリスト教への保守的な信仰を持っている

「アメリカはアメリカであるべきだ」と思っているし、「正規のアメリカに戻(もど)るべきだ」と思っている。「アメリカ人にとっての通常のキリスト教が望ましい」と私は思っているがね。

B──　あなたは、ローマカトリック教会を信じているキリスト教徒だとお聞きしています。では、その他の宗教、例えば、仏教やイスラム教、ヒンズー教などについて、また、もしご存じであれば、幸福の科学について、どうお考えでしょうか。

ギングリッチ守護霊　あなたがたが選挙で私を応援(おうえん)してくれるのなら、問題ないよ。アメリカで、どのくらいの票を集められるのかね。

B──　ある程度は……。

133

13 I have a Conservative Belief in Christianity

G.S. of Gingrich 1? 2? 3? 4? 5?

B—— Not so small, but not so big.

G.S. of Gingrich Not so small? Please give me one million or more. I ask you.

MC We will make efforts.

G.S. of Gingrich If you have one million or more, it's some sort of political power in America. So firstly you must aim at getting one million votes, then five million, and then ten

13　私はキリスト教への保守的な信仰を持っている

ギングリッチ守護霊　1票？　2票？　3票？　4票？　5票？

B——　そんなに少なくはありませんが、それほど多くはないかと思います。

ギングリッチ守護霊　それほど多くはない？　100万票くらいはくれよ。頼(たの)む。

司会　頑張ってみます。

ギングリッチ守護霊　アメリカでは、100万票もあれば、一種の政治力を持てるんだ。だから、まず、100万票を目指すべきだよ。次が500万票、それから1000万票だね。そう願っているよ。

13 I have a Conservative Belief in Christianity

million. I hope so.

MC Ok. We hope so. Thank you very much for coming and telling us your thoughts and secrets. We will introduce you to Japanese people and people around the world. Thank you very much.

G.S. of Gingrich Amen. (Note: He is joking.)

B—— Thank you.

13　私はキリスト教への保守的な信仰を持っている

司会　分かりました。そうなると信じます。

　本日は、お越しくださり、あなたのお考えと秘密を教えてくださいまして、感謝申し上げます。私たちは、あなたのことを、日本人と世界の人々に紹介してまいります。ありがとうございました。

ギングリッチ守護霊　アーメン。(注。冗談を言ってるつもり。)

B──　ありがとうございます。

14　ギングリッチ氏への期待

大川隆法　はい。こういうことでした。

　日本語訳を付けると、そこそこのものになるかもしれません。ご苦労さまでした。

　彼のだいたいの考えは、ある程度、出ているのでないでしょうか。前回の大統領選の際に、オバマ氏の守護霊に訊いたときよりは、もう少し多めに話が引き出せたかもしれません。

B──　オバマ氏とは違う論点がたくさん出てきました。

大川隆法　でも、かなりきわどい言葉も使っていましたね。

14 ギングリッチ氏への期待

司会 「ブラック・オバマ」と……。

大川隆法 「ブラック・オバマ」という言葉を使っていました。

司会 差別用語でしょうか。

大川隆法 差別用語でしょうね。まあ、守護霊ですから、本心で語ってしまうのでしょう。

彼は、大統領になる気ではあるようです。

日本にとっては、それがよろしいかもしれません。今の日本の左翼系に寄った政権にとっては、少し厳しいでしょうが、ノーマルな状態に戻ってくるのではないでしょうか。そんな感じがします。

彼のメイン戦略が対中国なのであれば、日本を強くしないと、それは遂行できないので、日本に

とっては、都合がよいのではないでしょうか。

　アメリカの民主党政権は、オバマ大統領のときも、その前のクリントン大統領のときも、日本にとっては、きつかったわけですからね。

　実は、クリントン時代に日本で不況が起きたのです。日本を不況にしたのはクリントン大統領です。クリントン大統領の８年間が、中国を好況にして、ガーッと高度成長をさせ、逆に日本を不況に落としたのです。

　今、クリントン夫人は、国務長官として、まだ頑張っていますが、「中国は脅威だ」と認識し始めたようなので、やっと分かってきたのでしょう。以前は、むしろ中国のほうに寄っていましたからね。

　ギングリッチ氏が大統領になるほうが日本にとってはよいと思います。日本に対して、もう一

度強くなることを要請してくるでしょう。彼からは、「経済的にも防衛的にも、日本にアメリカの肩代わりをしてほしい」という思いが出てくるので、幸福実現党の主張とかなり重なってくるものがあるのではないでしょうか。

「ギングリッチ氏が大統領でもウェルカム（歓迎）かな」と私は思います。

ただ、この方は、外見が"布袋さん"だから、オバマ氏やロムニー氏のほうが少しかっこいいでしょう。それが、彼にとっては、やや悔しいところではあるようです。

それと、オバマ氏もロムニー氏も、ハーバード大学出身の秀才ですから、そのへんもギングリッチ氏の引け目の部分でしょう。

でも、この人は、強い人のようなので、ガーッとアメリカを引っ張っていくかもしれません。

まあ、期待して待ちましょうか。
この霊言がスクープになればよいと思います。

司会　ありがとうございました。

あとがき

　大体のギングリッチ氏の本音は引き出せたかと思う。今のところ、ロムニー氏の景気を良くしてくれそうな手腕や、オバマ氏の演説の天才性に魅力を感じる人も多いことだろう。
　いずれも立派な人々であるが、外見からの印象はいまひとつのギングリッチ氏も、なかなか強い大統領としての資質を持っていると思う。
　本文中、ネガティヴ・キャンペーン的なライバルへの批判もあるが、本人の公(おおやけ)の発言ではなく、本心を私のほうで引き出しただけであるので、ギングリッチ氏の品位をおとしめる意図はさらさらない。
　4年前のオバマ氏の守護霊へのインタヴュー

が、その後のアメリカの運命を暗示していたように、本書が何らかの思考のための意味を持つと思う。しかし、最終的には、アメリカ国民の民意で大統領は正しい方(かた)が選ばれるべきものだと信じている。

2012年2月1日
幸福の科学グループ創始者兼総裁　大川隆法

『ネクスト・プレジデント』関連書籍

『オバマ守護霊インタビュー』
　（「ザ・リバティ」編集部編　幸福の科学出版刊）

ネクスト・プレジデント
――ニュート・ギングリッチへのスピリチュアル・インタヴュー――

2012年2月7日　初版第1刷

著　者　　大　川　隆　法
　　　　　（おお　かわ　りゅう　ほう）

発　行　　幸福実現党
　　　　　〒104-0061　東京都中央区銀座2丁目2番19号
　　　　　TEL(03)3535-3777

発　売　　幸福の科学出版株式会社
　　　　　〒142-0041　東京都品川区戸越1丁目6番7号
　　　　　TEL(03)6384-3777
　　　　　http://www.irhpress.co.jp/

印刷・製本　　株式会社 堀内印刷所

落丁・乱丁本はおとりかえいたします
©Ryuho Okawa 2012. Printed in Japan. 検印省略
ISBN978-4-86395-177-8 C0030

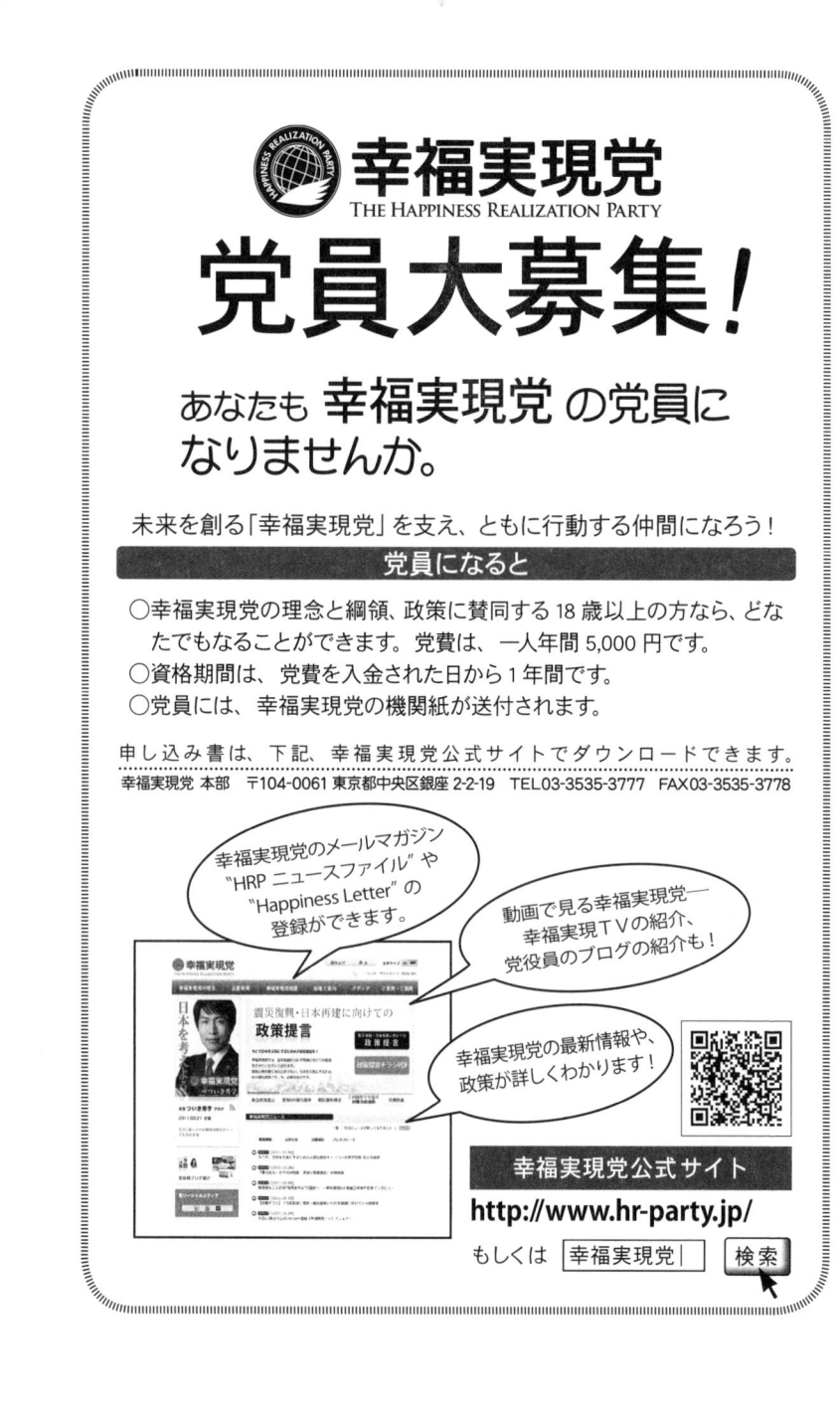

幸福実現党
THE HAPPINESS REALIZATION PARTY

党員大募集！

あなたも 幸福実現党 の党員になりませんか。

未来を創る「幸福実現党」を支え、ともに行動する仲間になろう！

党員になると

○幸福実現党の理念と綱領、政策に賛同する 18 歳以上の方なら、どなたでもなることができます。党費は、一人年間 5,000 円です。
○資格期間は、党費を入金された日から 1 年間です。
○党員には、幸福実現党の機関紙が送付されます。

申し込み書は、下記、幸福実現党公式サイトでダウンロードできます。

幸福実現党 本部　〒104-0061 東京都中央区銀座 2-2-19　TEL03-3535-3777　FAX03-3535-3778

幸福実現党のメールマガジン "HRP ニュースファイル" や "Happiness Letter" の登録ができます。

動画で見る幸福実現党──幸福実現ＴＶの紹介、党役員のブログの紹介も！

幸福実現党の最新情報や、政策が詳しくわかります！

幸福実現党公式サイト

http://www.hr-party.jp/

もしくは 幸福実現党 検索

幸福実現党

国家社会主義への警鐘
増税から始まる日本の危機

大川隆法　著

幸福実現党・名誉総裁と党首が対談。保守のふりをしながら、社会主義へとひた走る野田首相の恐るべき深層心理を見抜く。

1,300円

沈みゆく日本をどう救うか
野田佳彦総理のスピリチュアル総合分析

大川隆法　著

経済政策も外交方針も中身は何もない!?　野田氏守護霊が新総理の本音を語る。また、かつての師・松下幸之助霊が苦言を呈す。

1,300円

公開対談
日本の未来はここにあり
正論を貫く幸福実現党

大川隆法　著

時代に先駆け、勇気ある正論を訴える幸福実現党の名誉総裁と党首が公開対談。震災、経済不況、外交危機を打開する方策を語る。

1,200円

発行　幸福実現党
発売　幸福の科学出版株式会社

※表示価格は本体価格(税別)です。

幸福実現党

もし空海が民主党政権を見たら何というか
菅さんに四国巡礼を禁ずる法

大川隆法　著

弘法大師空海が公開霊言に登場。
発展的なビジョンが描けないまま
日本を後退させる民主党政権を、
かの弘法大師空海はどう見るのか。

1,300円

平和への決断
国防なくして繁栄なし

大川隆法　著

軍備拡張を続ける中国。財政赤字
に苦しみ、アジアから引いていく
アメリカ。世界の潮流が変わる今、
日本人が「決断」すべきこととは。

1,500円

震災復興への道
日本復活の未来ビジョン

大川隆法　著

東日本大震災以降、矢継ぎ早に説
かれた日本復活のための指針。今
の日本に最も必要な、救世の一書
を贈る。

1,400円

発行　幸福実現党
発売　幸福の科学出版株式会社

※表示価格は本体価格（税別）です。

幸福実現党

この国を守り抜け
中国の民主化と日本の使命

大川隆法　著

中国との紛争危機、北朝鮮の核、急激な円高……。対処法はすべてここにある。保守回帰で、外交と経済を立て直せ！

1,600円

日本外交の鉄則
サムライ国家の気概を示せ

大川隆法　著

陸奥宗光と小村寿太郎が、緊急霊言。中国に舐められる民主党政権の弱腰外交を一喝し、国家を護る気概と外交戦略を伝授する。

1,200円

秋山真之の日本防衛論
同時収録　乃木希典・北一輝の霊言

大川隆法　著

天才戦略家・秋山真之が、国家防衛戦略を語る。さらに、日露戦争の将軍・乃木希典と、革命思想家・北一輝の霊言を同時収録！

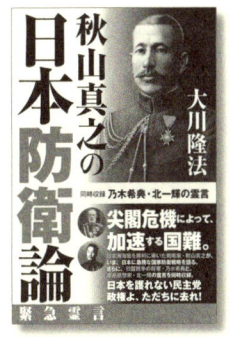

1,400円

発行　幸福実現党
発売　幸福の科学出版株式会社

※表示価格は本体価格（税別）です。

幸福実現党

もしケインズなら日本経済をどうするか
日本を復活させる21世紀の経済学

大川隆法　著

円高をどう生かすべきか? TPP参加の是非とは? 最強の経済学者の一人・ケインズが、日本を救う財政・金融政策と震災復興策を語る。

1,400円

日銀総裁とのスピリチュアル対話
「通貨の番人」の正体

大川隆法　著

デフレ不況、超円高、財政赤字……。なぜ日銀は有効な手を打てないのか!? 日銀総裁・白川氏の守護霊インタビューでその理由が明らかに。

1,400円

北朝鮮
―終わりの始まり―
霊的真実の衝撃

大川隆法　著

「公開霊言」で明らかになった北朝鮮の真実。金正日が自らの死の真相を、後継者・金正恩の守護霊が今後の野望を語る。

1,300円

発行　幸福実現党
発売　幸福の科学出版株式会社

※表示価格は本体価格(税別)です。